# Mein
# Haushaltsbuch

**Dieses Haushaltsbuch gehört:**

_____

Hallo, schön, dass du den Schritt gegangen bist und dir ein Haushaltsbuch gekauft hast. Das war die erste Entscheidung in eine Zukunft mit mehr Geld. Warum das - frägst du dich vielleicht gerade? Du kennst das sicher, du nimmst dir immer wieder vor etwas Geld auf die Seite zu legen und zu sparen. Aber irgendwie ist am Ende des Monates nichts mehr dafür übrig. Aber wohin ist dann das Geld eigentlich verschwunden? Dabei habe ich doch eigentlich letzten Monat eine Gehaltserhöhung bekommen.

Wenn dir das alle bekannt vorkommt, bist du hier genau richtig. Dieses Buch hilft dir dabei, dieses Problem zu ändern. Schritt für Schritt führt es dich durch den Prozess, dass du am Ende des Monats auch wirklich Geld zur Seite gelegt hast.

Ich wünsche dir von Herzen viel Erfolg mit deinen Eintragungen, damit du dir deine finanziellen Wünsche erfüllen kannst und endlich die Ziele erreichst, die du dir vorgenommen hast.

Viel Spaß dabei!

# Wozu ein Haushaltsbuch

Es dient genau dafür, damit du deine finanziellen Ziele erreichen kannst und du dir die Frage beantworten kannst, wohin das ganze Geld eigentlich verschwunden ist, obwohl es ziemlich unsexy und langweilig wirkt. Ich will versuchen diesen Staub und das Klischee von dem Thema zu vertreiben. Dieses Journal dient dazu, deine Gewohnheiten beim Geldausgeben sichtbar zu machen. Du erfährst ganz konkret wie viel du für was ausgibst: Wieviel kosten deine morgendlichen Kaffees auf dem Weg zur Arbeit, wieviel gibst du für Restaurantbesuche aus und wieviel kostet dich eigentlich dein Auto? Somit kannst du deine Geldfresser aufspüren und eliminieren. Dieses Haushaltsbuch kann dein Leben verändern und deinen Umgang mit Geld verbessern. Du bekommst mit der Zeit ein Gefühl für den Geldfluss und kannst ihn besser kontrollieren. Vorausgesetzt du bist konsequent genug um die Ausgaben regelmäßig einzutragen. Am besten gleich jeden Tag, somit teilst du es in kleine Häppchen von 2-3 Minuten und du entwickelst eine Gewohnheit, zu der du dich irgendwann nicht mehr aufraffen must. Was noch ein psychologischer Nebeneffekt ist: Wenn es dich richtig nervt, abends die Ausgaben nachzutragen, überlegst du dir vielleicht, ob du jetzt die 70ct für die Brezel ausgibst, oder doch lieber darauf verzichtest um abends keine Arbeit damit zu haben.

Ganz konkret ist ein Haushaltsbuch eine Auflistung aller Kosten, die für das alltägliche Leben anfallen. Dies wird in Fixe Ausgaben und variable Ausgaben unterteilt.

# Wie fülle ich es aus?

## Schritt 1: Bestandsaufnahme

### Einnahmen:

Trage hier alle Nettoeinnahmen ein, die du monatlich bekommst. Hierzu zählt ein Gehalt, eventuelle Einnahmen aus Nebenjobs, Kindergeld, Mieteinnahmen, etc.

## Monatliche Einnahmen

| Einnahmen: | Januar: | Februar: | März: | April: |
|---|---|---|---|---|
| Gehalt | 2.050 | 2.050 | 2.050 | 2.180 |
| Nebenjob | 180 | 180 | 180 | 180 |
| Mieteinnahmen | 260 | 260 | 260 | 260 |
| ... | | | | |
| | | | | |
| Summe: | 2.490 | 2.490 | 2.490 | 2.620 |

# Fixe Ausgaben:

Hier notierst du alle Ausgaben, die regelmäßig jeden Monat anfallen. Hier werden auch Ausgaben eingetragen, die Jährlich anfallen- diese werden dann mit einem zwölftel der Wertes eingetragen. Fixe Ausgaben sind zum Beispiel Miete, Nebenkosten, KFZ Steuern, Versicherungen und so weiter. Nimm hier deine Kontoauszüge zur Hand, damit du nichts übersiehst.

## Fixe Ausgaben

| Ausgaben: | Januar: | Februar: | März: | April: |
|-----------|---------|----------|-------|--------|
| Miete | 890 | 890 | 890 | 890 |
| Nebenkosten | 140 | 120 | 120 | 120 |
| Kfz Steuer | 20 | 20 | 20 | 20 |
| Versicherung | 90 | 90 | 90 | 90 |
| ... | | | | |
| Summe: | 1.140 | 1.120 | 1.120 | 1.120 |

# Variable Ausgaben

Variable Ausgaben sind alle Kosten, die nach Bedarf oder in wechselnder Höhe anfallen. Zum Beispiel Essen im Restaurant, Kinobesuche, Verbrauchsmaterial, Reparaturen und vieles mehr. Hier gehören aber auch beispielsweise monatliche Mitgliedsbeiträge dazu. Diese fallen zwar regelmäßig an, sind aber keine Kosten, die wirklich zwingend notwendig sind, diese dienen meist nur dem Vergnügen und man könnte theoretisch darauf verzichten. Mittels dem Übertrag kann eine Summe gebildet werden, die dann zur nächsten Tabelle innerhalb eines Monats mit dazu addiert wird.

## Variable Ausgaben

Monat: Januar

| Datum: | Ausgabe: | Kategorie: | Betrag: |
|--------|----------|------------|---------|
| 03.01. | Tanken | Sprit | 62,00€ |
| 04.01 | Bäcker | Essen | 2,85€ |
| 04.01 | Kino | Freizeit | 16,00€ |
| ... | | | |
| | Summe / Übertrag: | | 80,85€ |

# Schritt 2: Budget berechnen

Nun kannst du die monatliche Berechnung durchführen. Du ziehst die fixen und variablen Ausgaben von deinen Einnahmen ab und erhältst dadurch dein Budget, dass dir monatlich als Rücklagen zur Verfügung steht. Dieser Betrag sollte idealerweise monatlich wachsen. Empfehlenswert ist es, diesen Betrag zu Beginn des Monats gleich mit einem Dauerauftrag auf ein gesondertes Konto zu überweisen. Mit der Seitenanzahl kannst du vermerken wo du die variablen Ausgaben eingetragen hast, um sie möglichst schnell wieder zu finden.

## Budget
### Januar

| | | |
|---|---|---|
| Einnahmen Gesamt: | | 2.490 |
| Fixe Ausgaben Gesamt: | | 1.140 |
| Variable Ausgaben Gesamt: | Seiten:    12-15 | 1.080 |
| Sparbetrag: | | 270 |

# Monatliche Einnahmen

| Einnahmen: | Januar: | Februar: | März: | April: |
|---|---|---|---|---|
| | | | | |
| | | | | |
| | | | | |
| | | | | |
| | | | | |
| | | | | |
| | | | | |
| | | | | |
| **Summe:** | | | | |

| Einnahmen: | Mai: | Juni: | Juli: | August: |
|---|---|---|---|---|
| | | | | |
| | | | | |
| | | | | |
| | | | | |
| | | | | |
| | | | | |
| | | | | |
| | | | | |
| **Summe:** | | | | |

# Monatliche Einnahmen

| Einnahmen: | September: | Oktober: | November: | Dezember: |
|---|---|---|---|---|
|  |  |  |  |  |
|  |  |  |  |  |
|  |  |  |  |  |
|  |  |  |  |  |
|  |  |  |  |  |
|  |  |  |  |  |
|  |  |  |  |  |
|  |  |  |  |  |
|  |  |  |  |  |
| **Summe:** |  |  |  |  |

# Fixe Ausgaben

| Ausgaben: | Januar: | Februar: | März: | April: |
|-----------|---------|----------|-------|--------|
|           |         |          |       |        |
|           |         |          |       |        |
|           |         |          |       |        |
|           |         |          |       |        |
|           |         |          |       |        |
|           |         |          |       |        |
|           |         |          |       |        |
|           |         |          |       |        |
|           |         |          |       |        |
|           |         |          |       |        |
|           |         |          |       |        |
|           |         |          |       |        |
|           |         |          |       |        |
|           |         |          |       |        |
|           |         |          |       |        |
|           |         |          |       |        |
|           |         |          |       |        |
|           |         |          |       |        |
|           |         |          |       |        |
|           |         |          |       |        |
| Summe:    |         |          |       |        |

# Fixe Ausgaben

| Ausgaben: | Mai: | Juni: | Juli: | August: |
|-----------|------|-------|-------|---------|
|  |  |  |  |  |
|  |  |  |  |  |
|  |  |  |  |  |
|  |  |  |  |  |
|  |  |  |  |  |
|  |  |  |  |  |
|  |  |  |  |  |
|  |  |  |  |  |
|  |  |  |  |  |
|  |  |  |  |  |
|  |  |  |  |  |
|  |  |  |  |  |
|  |  |  |  |  |
|  |  |  |  |  |
|  |  |  |  |  |
|  |  |  |  |  |
|  |  |  |  |  |
|  |  |  |  |  |
|  |  |  |  |  |
|  |  |  |  |  |
|  |  |  |  |  |
|  |  |  |  |  |
| **Summe:** |  |  |  |  |

# Fixe Ausgaben

| Ausgaben: | September: | Oktober: | November: | Dezember: |
|---|---|---|---|---|
| | | | | |
| | | | | |
| | | | | |
| | | | | |
| | | | | |
| | | | | |
| | | | | |
| | | | | |
| | | | | |
| | | | | |
| | | | | |
| | | | | |
| | | | | |
| | | | | |
| | | | | |
| | | | | |
| | | | | |
| | | | | |
| | | | | |
| | | | | |
| **Summe:** | | | | |

# Budget
## Januar

| | |
|---|---|
| Einnahmen Gesamt: | |
| Fixe Ausgaben Gesamt: | |
| Variable Ausgaben Gesamt: Seiten: | |
| **Sparbetrag:** | |

# Budget
## Februar

| | |
|---|---|
| Einnahmen Gesamt: | |
| Fixe Ausgaben Gesamt: | |
| Variable Ausgaben Gesamt: Seiten: | |
| **Sparbetrag:** | |

# Budget
## März

| | |
|---|---|
| Einnahmen Gesamt: | |
| Fixe Ausgaben Gesamt: | |
| Variable Ausgaben Gesamt: Seiten: | |
| **Sparbetrag:** | |

# Budget
## April

| | |
|---|---|
| Einnahmen Gesamt: | |
| Fixe Ausgaben Gesamt: | |
| Variable Ausgaben Gesamt: Seiten: | |
| **Sparbetrag:** | |

# Budget
## Mai

| | |
|---|---|
| Einnahmen Gesamt: | |
| Fixe Ausgaben Gesamt: | |
| Variable Ausgaben Gesamt: Seiten: | |
| Sparbetrag: | |

# Budget
## Juni

| | |
|---|---|
| Einnahmen Gesamt: | |
| Fixe Ausgaben Gesamt: | |
| Variable Ausgaben Gesamt: Seiten: | |
| Sparbetrag: | |

# Budget
## Juli

| | |
|---|---|
| Einnahmen Gesamt: | |
| Fixe Ausgaben Gesamt: | |
| Variable Ausgaben Gesamt: Seiten: | |
| Sparbetrag: | |

# Budget
## August

| | |
|---|---|
| Einnahmen Gesamt: | |
| Fixe Ausgaben Gesamt: | |
| Variable Ausgaben Gesamt: Seiten: | |
| Sparbetrag: | |

# Budget
## September

| | |
|---|---|
| Einnahmen Gesamt: | |
| Fixe Ausgaben Gesamt: | |
| Variable Ausgaben Gesamt: Seiten: | |
| Sparbetrag: | |

# Budget
## Oktober

| | |
|---|---|
| Einnahmen Gesamt: | |
| Fixe Ausgaben Gesamt: | |
| Variable Ausgaben Gesamt: Seiten: | |
| Sparbetrag: | |

# Budget
## November

| | |
|---|---|
| Einnahmen Gesamt: | |
| Fixe Ausgaben Gesamt: | |
| Variable Ausgaben Gesamt: Seiten: | |
| Sparbetrag: | |

# Budget
## Dezember

| | |
|---|---|
| Einnahmen Gesamt: | |
| Fixe Ausgaben Gesamt: | |
| Variable Ausgaben Gesamt: Seiten: | |
| Sparbetrag: | |

Notizen:

# Variable Ausgaben

Monat: _____

| Datum: | Ausgabe: | Kategorie: | Betrag: |
|--------|----------|------------|---------|
|        |          |            |         |
|        |          |            |         |
|        |          |            |         |
|        |          |            |         |
|        |          |            |         |
|        |          |            |         |
|        |          |            |         |
|        |          |            |         |
|        |          |            |         |
|        |          |            |         |
|        |          |            |         |
|        |          |            |         |
|        |          |            |         |
|        |          |            |         |
|        |          |            |         |
|        |          |            |         |
|        |          |            |         |
|        |          |            |         |
|        |          |            |         |
|        |          | **Summe / Übertrag:** |         |

# Variable Ausgaben

Monat: _____

| Datum: | Ausgabe: | Kategorie: | Betrag: |
|---|---|---|---|
| | | | |
| | | | |
| | | | |
| | | | |
| | | | |
| | | | |
| | | | |
| | | | |
| | | | |
| | | | |
| | | | |
| | | | |
| | | | |
| | | | |
| | | | |
| | | | |
| | | | |
| | | | |
| | | | |
| | | **Summe / Übertrag:** | |

# Variable Ausgaben

Monat: _____

| Datum: | Ausgabe: | Kategorie: | Betrag: |
|--------|----------|------------|---------|
|        |          |            |         |
|        |          |            |         |
|        |          |            |         |
|        |          |            |         |
|        |          |            |         |
|        |          |            |         |
|        |          |            |         |
|        |          |            |         |
|        |          |            |         |
|        |          |            |         |
|        |          |            |         |
|        |          |            |         |
|        |          |            |         |
|        |          |            |         |
|        |          |            |         |
|        |          |            |         |
|        |          |            |         |
|        |          |            |         |
|        |          |            |         |
|        |          | **Summe / Übertrag:** |         |

# Variable Ausgaben

Monat: _____

| Datum: | Ausgabe: | Kategorie: | Betrag: |
|---|---|---|---|
|  |  |  |  |
|  |  |  |  |
|  |  |  |  |
|  |  |  |  |
|  |  |  |  |
|  |  |  |  |
|  |  |  |  |
|  |  |  |  |
|  |  |  |  |
|  |  |  |  |
|  |  |  |  |
|  |  |  |  |
|  |  |  |  |
|  |  |  |  |
|  |  |  |  |
|  |  |  |  |
|  |  |  |  |
|  |  |  |  |
|  |  |  |  |
|  |  |  |  |
|  |  | **Summe / Übertrag:** |  |

# Variable Ausgaben

Monat: _____

| Datum: | Ausgabe: | Kategorie: | Betrag: |
|--------|----------|------------|---------|
|        |          |            |         |
|        |          |            |         |
|        |          |            |         |
|        |          |            |         |
|        |          |            |         |
|        |          |            |         |
|        |          |            |         |
|        |          |            |         |
|        |          |            |         |
|        |          |            |         |
|        |          |            |         |
|        |          |            |         |
|        |          |            |         |
|        |          |            |         |
|        |          |            |         |
|        |          |            |         |
|        |          |            |         |
|        |          |            |         |
|        |          |            |         |
|        |          |            |         |
|        |          |            |         |
|        |          | **Summe / Übertrag:** |         |

# Variable Ausgaben

Monat: _____

| Datum: | Ausgabe: | Kategorie: | Betrag: |
|---|---|---|---|
| | | | |
| | | | |
| | | | |
| | | | |
| | | | |
| | | | |
| | | | |
| | | | |
| | | | |
| | | | |
| | | | |
| | | | |
| | | | |
| | | | |
| | | | |
| | | | |
| | | | |
| | | | |
| | | | |
| | | **Summe / Übertrag:** | |

# Variable Ausgaben

Monat: _____

| Datum: | Ausgabe: | Kategorie: | Betrag: |
|--------|----------|------------|---------|
|        |          |            |         |
|        |          |            |         |
|        |          |            |         |
|        |          |            |         |
|        |          |            |         |
|        |          |            |         |
|        |          |            |         |
|        |          |            |         |
|        |          |            |         |
|        |          |            |         |
|        |          |            |         |
|        |          |            |         |
|        |          |            |         |
|        |          |            |         |
|        |          |            |         |
|        |          |            |         |
|        |          |            |         |
|        |          |            |         |
|        |          |            |         |
|        |          |            |         |
|        |          | **Summe / Übertrag:** |  |

# Variable Ausgaben

Monat: _____

| Datum: | Ausgabe: | Kategorie: | Betrag: |
|--------|----------|------------|---------|
|        |          |            |         |
|        |          |            |         |
|        |          |            |         |
|        |          |            |         |
|        |          |            |         |
|        |          |            |         |
|        |          |            |         |
|        |          |            |         |
|        |          |            |         |
|        |          |            |         |
|        |          |            |         |
|        |          |            |         |
|        |          |            |         |
|        |          |            |         |
|        |          |            |         |
|        |          |            |         |
|        |          |            |         |
|        |          |            |         |
|        |          |            |         |
|        |          | **Summe / Übertrag:** |         |

# Variable Ausgaben

| Datum: | Ausgabe: | Kategorie: | Betrag: |
|--------|----------|------------|---------|
|        |          |            |         |
|        |          |            |         |
|        |          |            |         |
|        |          |            |         |
|        |          |            |         |
|        |          |            |         |
|        |          |            |         |
|        |          |            |         |
|        |          |            |         |
|        |          |            |         |
|        |          |            |         |
|        |          |            |         |
|        |          |            |         |
|        |          |            |         |
|        |          |            |         |
|        |          |            |         |
|        |          |            |         |
|        |          |            |         |
|        |          |            |         |
|        |          | Summe / Übertrag: |  |

# Variable Ausgaben

Monat: _____

| Datum: | Ausgabe: | Kategorie: | Betrag: |
|--------|----------|------------|---------|
|        |          |            |         |
|        |          |            |         |
|        |          |            |         |
|        |          |            |         |
|        |          |            |         |
|        |          |            |         |
|        |          |            |         |
|        |          |            |         |
|        |          |            |         |
|        |          |            |         |
|        |          |            |         |
|        |          |            |         |
|        |          |            |         |
|        |          |            |         |
|        |          |            |         |
|        |          |            |         |
|        |          |            |         |
|        |          |            |         |
|        |          |            |         |
|        |          | **Summe / Übertrag:** |   |

# Variable Ausgaben

Monat: _____

| Datum: | Ausgabe: | Kategorie: | Betrag: |
|--------|----------|------------|---------|
|        |          |            |         |
|        |          |            |         |
|        |          |            |         |
|        |          |            |         |
|        |          |            |         |
|        |          |            |         |
|        |          |            |         |
|        |          |            |         |
|        |          |            |         |
|        |          |            |         |
|        |          |            |         |
|        |          |            |         |
|        |          |            |         |
|        |          |            |         |
|        |          |            |         |
|        |          |            |         |
|        |          |            |         |
|        |          |            |         |
|        |          |            |         |
|        |          | **Summe / Übertrag:** |         |

# Variable Ausgaben

Monat: _____

| Datum: | Ausgabe: | Kategorie: | Betrag: |
|---|---|---|---|
|  |  |  |  |
|  |  |  |  |
|  |  |  |  |
|  |  |  |  |
|  |  |  |  |
|  |  |  |  |
|  |  |  |  |
|  |  |  |  |
|  |  |  |  |
|  |  |  |  |
|  |  |  |  |
|  |  |  |  |
|  |  |  |  |
|  |  |  |  |
|  |  |  |  |
|  |  |  |  |
|  |  |  |  |
|  |  |  |  |
|  |  |  |  |
|  |  | **Summe / Übertrag:** |  |

# Variable Ausgaben

Monat: _____

| Datum: | Ausgabe: | Kategorie: | Betrag: |
|--------|----------|------------|---------|
|        |          |            |         |
|        |          |            |         |
|        |          |            |         |
|        |          |            |         |
|        |          |            |         |
|        |          |            |         |
|        |          |            |         |
|        |          |            |         |
|        |          |            |         |
|        |          |            |         |
|        |          |            |         |
|        |          |            |         |
|        |          |            |         |
|        |          |            |         |
|        |          |            |         |
|        |          |            |         |
|        |          |            |         |
|        |          |            |         |
|        |          |            |         |
|        |          |            |         |
|        |          | **Summe / Übertrag:** |         |

# Variable Ausgaben

Monat: _____

| Datum: | Ausgabe: | Kategorie: | Betrag: |
|--------|----------|------------|---------|
|        |          |            |         |
|        |          |            |         |
|        |          |            |         |
|        |          |            |         |
|        |          |            |         |
|        |          |            |         |
|        |          |            |         |
|        |          |            |         |
|        |          |            |         |
|        |          |            |         |
|        |          |            |         |
|        |          |            |         |
|        |          |            |         |
|        |          |            |         |
|        |          |            |         |
|        |          |            |         |
|        |          |            |         |
|        |          |            |         |
|        |          |            |         |
|        |          | **Summe / Übertrag:** |  |

# Variable Ausgaben

Monat: _____

| Datum: | Ausgabe: | Kategorie: | Betrag: |
|---|---|---|---|
|  |  |  |  |
|  |  |  |  |
|  |  |  |  |
|  |  |  |  |
|  |  |  |  |
|  |  |  |  |
|  |  |  |  |
|  |  |  |  |
|  |  |  |  |
|  |  |  |  |
|  |  |  |  |
|  |  |  |  |
|  |  |  |  |
|  |  |  |  |
|  |  |  |  |
|  |  |  |  |
|  |  |  |  |
|  |  |  |  |
|  |  |  |  |
|  |  |  |  |
|  |  |  |  |
|  | **Summe / Übertrag:** |  |  |

# Variable Ausgaben

Monat: _____

| Datum: | Ausgabe: | Kategorie: | Betrag: |
|---|---|---|---|
| | | | |
| | | | |
| | | | |
| | | | |
| | | | |
| | | | |
| | | | |
| | | | |
| | | | |
| | | | |
| | | | |
| | | | |
| | | | |
| | | | |
| | | | |
| | | | |
| | | | |
| | | | |
| | | | |
| | | | |
| | | **Summe / Übertrag:** | |

# Variable Ausgaben

Monat: _____

| Datum: | Ausgabe: | Kategorie: | Betrag: |
|--------|----------|------------|---------|
|        |          |            |         |
|        |          |            |         |
|        |          |            |         |
|        |          |            |         |
|        |          |            |         |
|        |          |            |         |
|        |          |            |         |
|        |          |            |         |
|        |          |            |         |
|        |          |            |         |
|        |          |            |         |
|        |          |            |         |
|        |          |            |         |
|        |          |            |         |
|        |          |            |         |
|        |          |            |         |
|        |          |            |         |
|        |          |            |         |
|        |          |            |         |
| | | **Summe / Übertrag:** | |

# Variable Ausgaben

| Datum: | Ausgabe: | Kategorie: | Betrag: |
|--------|----------|------------|---------|
|        |          |            |         |
|        |          |            |         |
|        |          |            |         |
|        |          |            |         |
|        |          |            |         |
|        |          |            |         |
|        |          |            |         |
|        |          |            |         |
|        |          |            |         |
|        |          |            |         |
|        |          |            |         |
|        |          |            |         |
|        |          |            |         |
|        |          |            |         |
|        |          |            |         |
|        |          |            |         |
|        |          |            |         |
|        |          |            |         |
|        |          |            |         |
|        |          | Summe / Übertrag: |  |

# Variable Ausgaben

Monat: _____

| Datum: | Ausgabe: | Kategorie: | Betrag: |
|---|---|---|---|
| | | | |
| | | | |
| | | | |
| | | | |
| | | | |
| | | | |
| | | | |
| | | | |
| | | | |
| | | | |
| | | | |
| | | | |
| | | | |
| | | | |
| | | | |
| | | | |
| | | | |
| | | | |
| | | | |
| | | | |
| | | **Summe / Übertrag:** | |

# Variable Ausgaben

| Datum: | Ausgabe: | Kategorie: | Betrag: |
|--------|----------|------------|---------|
|        |          |            |         |
|        |          |            |         |
|        |          |            |         |
|        |          |            |         |
|        |          |            |         |
|        |          |            |         |
|        |          |            |         |
|        |          |            |         |
|        |          |            |         |
|        |          |            |         |
|        |          |            |         |
|        |          |            |         |
|        |          |            |         |
|        |          |            |         |
|        |          |            |         |
|        |          |            |         |
|        |          |            |         |
|        |          |            |         |
|        |          | Summe / Übertrag: |  |

# Variable Ausgaben

Monat: _____

| Datum: | Ausgabe: | Kategorie: | Betrag: |
|---|---|---|---|
|  |  |  |  |
|  |  |  |  |
|  |  |  |  |
|  |  |  |  |
|  |  |  |  |
|  |  |  |  |
|  |  |  |  |
|  |  |  |  |
|  |  |  |  |
|  |  |  |  |
|  |  |  |  |
|  |  |  |  |
|  |  |  |  |
|  |  |  |  |
|  |  |  |  |
|  |  |  |  |
|  |  |  |  |
|  |  |  |  |
|  |  |  |  |
|  |  | **Summe / Übertrag:** |  |

# Variable Ausgaben

Monat: _____

| Datum: | Ausgabe: | Kategorie: | Betrag: |
|--------|----------|------------|---------|
|        |          |            |         |
|        |          |            |         |
|        |          |            |         |
|        |          |            |         |
|        |          |            |         |
|        |          |            |         |
|        |          |            |         |
|        |          |            |         |
|        |          |            |         |
|        |          |            |         |
|        |          |            |         |
|        |          |            |         |
|        |          |            |         |
|        |          |            |         |
|        |          |            |         |
|        |          |            |         |
|        |          |            |         |
|        |          |            |         |
|        |          |            |         |
|        |          |            |         |
|        |          | **Summe / Übertrag:** |         |

# Variable Ausgaben

Monat: _____

| Datum: | Ausgabe: | Kategorie: | Betrag: |
|--------|----------|------------|---------|
|        |          |            |         |
|        |          |            |         |
|        |          |            |         |
|        |          |            |         |
|        |          |            |         |
|        |          |            |         |
|        |          |            |         |
|        |          |            |         |
|        |          |            |         |
|        |          |            |         |
|        |          |            |         |
|        |          |            |         |
|        |          |            |         |
|        |          |            |         |
|        |          |            |         |
|        |          |            |         |
|        |          |            |         |
|        |          |            |         |
|        |          |            |         |
|        |          |            |         |
|        |          | **Summe / Übertrag:** |  |

# Variable Ausgaben

| Datum: | Ausgabe: | Kategorie: | Betrag: |
|--------|----------|------------|---------|
|        |          |            |         |
|        |          |            |         |
|        |          |            |         |
|        |          |            |         |
|        |          |            |         |
|        |          |            |         |
|        |          |            |         |
|        |          |            |         |
|        |          |            |         |
|        |          |            |         |
|        |          |            |         |
|        |          |            |         |
|        |          |            |         |
|        |          |            |         |
|        |          |            |         |
|        |          |            |         |
|        |          |            |         |
|        |          |            |         |
|        |          |            |         |
|        | **Summe / Übertrag:** |  |         |

# Variable Ausgaben

Monat: _____

| Datum: | Ausgabe: | Kategorie: | Betrag: |
|--------|----------|------------|---------|
|        |          |            |         |
|        |          |            |         |
|        |          |            |         |
|        |          |            |         |
|        |          |            |         |
|        |          |            |         |
|        |          |            |         |
|        |          |            |         |
|        |          |            |         |
|        |          |            |         |
|        |          |            |         |
|        |          |            |         |
|        |          |            |         |
|        |          |            |         |
|        |          |            |         |
|        |          |            |         |
|        |          |            |         |
|        |          |            |         |
|        |          |            |         |
|        |          |            |         |
|        |          |            |         |
| | | **Summe / Übertrag:** | |

# Variable Ausgaben

Monat: _____

| Datum: | Ausgabe: | Kategorie: | Betrag: |
|--------|----------|------------|---------|
|        |          |            |         |
|        |          |            |         |
|        |          |            |         |
|        |          |            |         |
|        |          |            |         |
|        |          |            |         |
|        |          |            |         |
|        |          |            |         |
|        |          |            |         |
|        |          |            |         |
|        |          |            |         |
|        |          |            |         |
|        |          |            |         |
|        |          |            |         |
|        |          |            |         |
|        |          |            |         |
|        |          |            |         |
|        |          |            |         |
|        |          |            |         |
|        |          | **Summe / Übertrag:** |         |

# Variable Ausgaben

Monat: _____

| Datum: | Ausgabe: | Kategorie: | Betrag: |
|---|---|---|---|
| | | | |
| | | | |
| | | | |
| | | | |
| | | | |
| | | | |
| | | | |
| | | | |
| | | | |
| | | | |
| | | | |
| | | | |
| | | | |
| | | | |
| | | | |
| | | | |
| | | | |
| | | | |
| | | | |
| | | | |
| | | | |
| | | | |
| | | **Summe / Übertrag:** | |

# Variable Ausgaben

Monat: _____

| Datum: | Ausgabe: | Kategorie: | Betrag: |
|---|---|---|---|
| | | | |
| | | | |
| | | | |
| | | | |
| | | | |
| | | | |
| | | | |
| | | | |
| | | | |
| | | | |
| | | | |
| | | | |
| | | | |
| | | | |
| | | | |
| | | | |
| | | | |
| | | | |
| | | **Summe / Übertrag:** | |

# Variable Ausgaben

Monat: _____

| Datum: | Ausgabe: | Kategorie: | Betrag: |
|--------|----------|------------|---------|
|        |          |            |         |
|        |          |            |         |
|        |          |            |         |
|        |          |            |         |
|        |          |            |         |
|        |          |            |         |
|        |          |            |         |
|        |          |            |         |
|        |          |            |         |
|        |          |            |         |
|        |          |            |         |
|        |          |            |         |
|        |          |            |         |
|        |          |            |         |
|        |          |            |         |
|        |          |            |         |
|        |          |            |         |
|        |          |            |         |
|        |          |            |         |
|        |          | **Summe / Übertrag:** |  |

# Variable Ausgaben

Monat: _____

| Datum: | Ausgabe: | Kategorie: | Betrag: |
|--------|----------|------------|---------|
|        |          |            |         |
|        |          |            |         |
|        |          |            |         |
|        |          |            |         |
|        |          |            |         |
|        |          |            |         |
|        |          |            |         |
|        |          |            |         |
|        |          |            |         |
|        |          |            |         |
|        |          |            |         |
|        |          |            |         |
|        |          |            |         |
|        |          |            |         |
|        |          |            |         |
|        |          |            |         |
|        |          |            |         |
|        |          |            |         |
|        |          |            |         |
|        |          |            |         |
|        |          | **Summe / Übertrag:** |         |

# Variable Ausgaben

Monat: _____

| Datum: | Ausgabe: | Kategorie: | Betrag: |
|---|---|---|---|
| | | | |
| | | | |
| | | | |
| | | | |
| | | | |
| | | | |
| | | | |
| | | | |
| | | | |
| | | | |
| | | | |
| | | | |
| | | | |
| | | | |
| | | | |
| | | | |
| | | | |
| | | | |
| | | | |
| | | | |
| | | | |
| | | **Summe / Übertrag:** | |

# Variable Ausgaben

Monat: _____

| Datum: | Ausgabe: | Kategorie: | Betrag: |
|--------|----------|------------|---------|
|        |          |            |         |
|        |          |            |         |
|        |          |            |         |
|        |          |            |         |
|        |          |            |         |
|        |          |            |         |
|        |          |            |         |
|        |          |            |         |
|        |          |            |         |
|        |          |            |         |
|        |          |            |         |
|        |          |            |         |
|        |          |            |         |
|        |          |            |         |
|        |          |            |         |
|        |          |            |         |
|        |          |            |         |
|        |          |            |         |
|        |          |            |         |
|        |          | **Summe / Übertrag:** |         |

# Variable Ausgaben

Monat: _____

| Datum: | Ausgabe: | Kategorie: | Betrag: |
|--------|----------|------------|---------|
|        |          |            |         |
|        |          |            |         |
|        |          |            |         |
|        |          |            |         |
|        |          |            |         |
|        |          |            |         |
|        |          |            |         |
|        |          |            |         |
|        |          |            |         |
|        |          |            |         |
|        |          |            |         |
|        |          |            |         |
|        |          |            |         |
|        |          |            |         |
|        |          |            |         |
|        |          |            |         |
|        |          |            |         |
|        |          |            |         |
|        |          |            |         |
|        |          |            |         |
|        |          | **Summe / Übertrag:** |  |

# Variable Ausgaben

Monat: _____

| Datum: | Ausgabe: | Kategorie: | Betrag: |
|--------|----------|------------|---------|
|        |          |            |         |
|        |          |            |         |
|        |          |            |         |
|        |          |            |         |
|        |          |            |         |
|        |          |            |         |
|        |          |            |         |
|        |          |            |         |
|        |          |            |         |
|        |          |            |         |
|        |          |            |         |
|        |          |            |         |
|        |          |            |         |
|        |          |            |         |
|        |          |            |         |
|        |          |            |         |
|        |          |            |         |
|        |          |            |         |
|        |          |            |         |
|        | **Summe / Übertrag:** |  |         |

# Variable Ausgaben

Monat: _____

| Datum: | Ausgabe: | Kategorie: | Betrag: |
|--------|----------|------------|---------|
|        |          |            |         |
|        |          |            |         |
|        |          |            |         |
|        |          |            |         |
|        |          |            |         |
|        |          |            |         |
|        |          |            |         |
|        |          |            |         |
|        |          |            |         |
|        |          |            |         |
|        |          |            |         |
|        |          |            |         |
|        |          |            |         |
|        |          |            |         |
|        |          |            |         |
|        |          |            |         |
|        |          |            |         |
|        |          |            |         |
|        |          |            |         |
|        |          |            |         |
|        |          | **Summe / Übertrag:** |  |

# Variable Ausgaben

Monat: _____

| Datum: | Ausgabe: | Kategorie: | Betrag: |
|--------|----------|------------|---------|
|        |          |            |         |
|        |          |            |         |
|        |          |            |         |
|        |          |            |         |
|        |          |            |         |
|        |          |            |         |
|        |          |            |         |
|        |          |            |         |
|        |          |            |         |
|        |          |            |         |
|        |          |            |         |
|        |          |            |         |
|        |          |            |         |
|        |          |            |         |
|        |          |            |         |
|        |          |            |         |
|        |          |            |         |
|        |          |            |         |
|        |          |            |         |
|        |          | **Summe / Übertrag:** |         |

# Variable Ausgaben

Monat: _____

| Datum: | Ausgabe: | Kategorie: | Betrag: |
|--------|----------|------------|---------|
|        |          |            |         |
|        |          |            |         |
|        |          |            |         |
|        |          |            |         |
|        |          |            |         |
|        |          |            |         |
|        |          |            |         |
|        |          |            |         |
|        |          |            |         |
|        |          |            |         |
|        |          |            |         |
|        |          |            |         |
|        |          |            |         |
|        |          |            |         |
|        |          |            |         |
|        |          |            |         |
|        |          |            |         |
|        |          |            |         |
|        |          |            |         |
| | | **Summe / Übertrag:** | |

# Variable Ausgaben

Monat: _____

| Datum: | Ausgabe: | Kategorie: | Betrag: |
|--------|----------|------------|---------|
|        |          |            |         |
|        |          |            |         |
|        |          |            |         |
|        |          |            |         |
|        |          |            |         |
|        |          |            |         |
|        |          |            |         |
|        |          |            |         |
|        |          |            |         |
|        |          |            |         |
|        |          |            |         |
|        |          |            |         |
|        |          |            |         |
|        |          |            |         |
|        |          |            |         |
|        |          |            |         |
|        |          |            |         |
|        |          |            |         |
|        |          |            |         |
| | | **Summe / Übertrag:** | |

# Variable Ausgaben

Monat: _____

| Datum: | Ausgabe: | Kategorie: | Betrag: |
|--------|----------|------------|---------|
|        |          |            |         |
|        |          |            |         |
|        |          |            |         |
|        |          |            |         |
|        |          |            |         |
|        |          |            |         |
|        |          |            |         |
|        |          |            |         |
|        |          |            |         |
|        |          |            |         |
|        |          |            |         |
|        |          |            |         |
|        |          |            |         |
|        |          |            |         |
|        |          |            |         |
|        |          |            |         |
|        |          |            |         |
|        |          |            |         |
|        |          |            |         |
|        |          | **Summe / Übertrag:** |         |

# Variable Ausgaben

Monat: _____

| Datum: | Ausgabe: | Kategorie: | Betrag: |
|--------|----------|------------|---------|
|        |          |            |         |
|        |          |            |         |
|        |          |            |         |
|        |          |            |         |
|        |          |            |         |
|        |          |            |         |
|        |          |            |         |
|        |          |            |         |
|        |          |            |         |
|        |          |            |         |
|        |          |            |         |
|        |          |            |         |
|        |          |            |         |
|        |          |            |         |
|        |          |            |         |
|        |          |            |         |
|        |          |            |         |
|        |          |            |         |
|        |          |            |         |
|        |          |            |         |
|        | **Summe / Übertrag:** |  |         |

# Variable Ausgaben

Monat: _____

| Datum: | Ausgabe: | Kategorie: | Betrag: |
|--------|----------|------------|---------|
|        |          |            |         |
|        |          |            |         |
|        |          |            |         |
|        |          |            |         |
|        |          |            |         |
|        |          |            |         |
|        |          |            |         |
|        |          |            |         |
|        |          |            |         |
|        |          |            |         |
|        |          |            |         |
|        |          |            |         |
|        |          |            |         |
|        |          |            |         |
|        |          |            |         |
|        |          |            |         |
|        |          |            |         |
|        |          |            |         |
|        |          |            |         |
|        |          |            |         |
|        |          |            |         |
|        |          | **Summe / Übertrag:** |  |

# Variable Ausgaben

Monat: _____

| Datum: | Ausgabe: | Kategorie: | Betrag: |
|--------|----------|------------|---------|
|        |          |            |         |
|        |          |            |         |
|        |          |            |         |
|        |          |            |         |
|        |          |            |         |
|        |          |            |         |
|        |          |            |         |
|        |          |            |         |
|        |          |            |         |
|        |          |            |         |
|        |          |            |         |
|        |          |            |         |
|        |          |            |         |
|        |          |            |         |
|        |          |            |         |
|        |          |            |         |
|        |          |            |         |
|        |          |            |         |
|        |          |            |         |
|        |          | **Summe / Übertrag:** |  |

# Variable Ausgaben

Monat: _____

| Datum: | Ausgabe: | Kategorie: | Betrag: |
|--------|----------|------------|---------|
|        |          |            |         |
|        |          |            |         |
|        |          |            |         |
|        |          |            |         |
|        |          |            |         |
|        |          |            |         |
|        |          |            |         |
|        |          |            |         |
|        |          |            |         |
|        |          |            |         |
|        |          |            |         |
|        |          |            |         |
|        |          |            |         |
|        |          |            |         |
|        |          |            |         |
|        |          |            |         |
|        |          |            |         |
|        |          |            |         |
|        |          |            |         |
|        |          | **Summe / Übertrag:** |  |

# Variable Ausgaben

Monat: _____

| Datum: | Ausgabe: | Kategorie: | Betrag: |
|--------|----------|------------|---------|
|        |          |            |         |
|        |          |            |         |
|        |          |            |         |
|        |          |            |         |
|        |          |            |         |
|        |          |            |         |
|        |          |            |         |
|        |          |            |         |
|        |          |            |         |
|        |          |            |         |
|        |          |            |         |
|        |          |            |         |
|        |          |            |         |
|        |          |            |         |
|        |          |            |         |
|        |          |            |         |
|        |          |            |         |
|        |          |            |         |
|        |          |            |         |
|        |          | **Summe / Übertrag:** |         |

# Variable Ausgaben

Monat: _____

| Datum: | Ausgabe: | Kategorie: | Betrag: |
|--------|----------|------------|---------|
|        |          |            |         |
|        |          |            |         |
|        |          |            |         |
|        |          |            |         |
|        |          |            |         |
|        |          |            |         |
|        |          |            |         |
|        |          |            |         |
|        |          |            |         |
|        |          |            |         |
|        |          |            |         |
|        |          |            |         |
|        |          |            |         |
|        |          |            |         |
|        |          |            |         |
|        |          |            |         |
|        |          |            |         |
|        |          |            |         |
|        |          |            |         |
|        |          |            |         |
|        |          | **Summe / Übertrag:** |         |

# Variable Ausgaben

Monat: _____

| Datum: | Ausgabe: | Kategorie: | Betrag: |
|---|---|---|---|
|  |  |  |  |
|  |  |  |  |
|  |  |  |  |
|  |  |  |  |
|  |  |  |  |
|  |  |  |  |
|  |  |  |  |
|  |  |  |  |
|  |  |  |  |
|  |  |  |  |
|  |  |  |  |
|  |  |  |  |
|  |  |  |  |
|  |  |  |  |
|  |  |  |  |
|  |  |  |  |
|  |  |  |  |
|  |  |  |  |
|  |  |  |  |
|  |  |  | **Summe / Übertrag:** |

# Variable Ausgaben

Monat: _____

| Datum: | Ausgabe: | Kategorie: | Betrag: |
|--------|----------|------------|---------|
|        |          |            |         |
|        |          |            |         |
|        |          |            |         |
|        |          |            |         |
|        |          |            |         |
|        |          |            |         |
|        |          |            |         |
|        |          |            |         |
|        |          |            |         |
|        |          |            |         |
|        |          |            |         |
|        |          |            |         |
|        |          |            |         |
|        |          |            |         |
|        |          |            |         |
|        |          |            |         |
|        |          |            |         |
|        |          |            |         |
|        |          |            |         |
|        |          |            |         |
|        |          | **Summe / Übertrag:** |  |

# Variable Ausgaben

Monat: _____

| Datum: | Ausgabe: | Kategorie: | Betrag: |
|---|---|---|---|
|  |  |  |  |
|  |  |  |  |
|  |  |  |  |
|  |  |  |  |
|  |  |  |  |
|  |  |  |  |
|  |  |  |  |
|  |  |  |  |
|  |  |  |  |
|  |  |  |  |
|  |  |  |  |
|  |  |  |  |
|  |  |  |  |
|  |  |  |  |
|  |  |  |  |
|  |  |  |  |
|  |  |  |  |
|  |  |  |  |
|  |  |  |  |
|  |  | **Summe / Übertrag:** |  |

# Variable Ausgaben

Monat: _____

| Datum: | Ausgabe: | Kategorie: | Betrag: |
|---|---|---|---|
| | | | |
| | | | |
| | | | |
| | | | |
| | | | |
| | | | |
| | | | |
| | | | |
| | | | |
| | | | |
| | | | |
| | | | |
| | | | |
| | | | |
| | | | |
| | | | |
| | | | |
| | | | |
| | | | |
| | | | |
| | | **Summe / Übertrag:** | |

# Variable Ausgaben

Monat: _____

| Datum: | Ausgabe: | Kategorie: | Betrag: |
|--------|----------|------------|---------|
|        |          |            |         |
|        |          |            |         |
|        |          |            |         |
|        |          |            |         |
|        |          |            |         |
|        |          |            |         |
|        |          |            |         |
|        |          |            |         |
|        |          |            |         |
|        |          |            |         |
|        |          |            |         |
|        |          |            |         |
|        |          |            |         |
|        |          |            |         |
|        |          |            |         |
|        |          |            |         |
|        |          |            |         |
|        |          |            |         |
|        |          |            |         |
|        |          |            |         |
|        |          | **Summe / Übertrag:** |    |

# Variable Ausgaben

Monat: _____

| Datum: | Ausgabe: | Kategorie: | Betrag: |
|---|---|---|---|
| | | | |
| | | | |
| | | | |
| | | | |
| | | | |
| | | | |
| | | | |
| | | | |
| | | | |
| | | | |
| | | | |
| | | | |
| | | | |
| | | | |
| | | | |
| | | | |
| | | | |
| | | | |
| | | | |
| | | | |
| | | **Summe / Übertrag:** | |

# Variable Ausgaben

| Datum: | Ausgabe: | Kategorie: | Betrag: |
|--------|----------|------------|---------|
|        |          |            |         |
|        |          |            |         |
|        |          |            |         |
|        |          |            |         |
|        |          |            |         |
|        |          |            |         |
|        |          |            |         |
|        |          |            |         |
|        |          |            |         |
|        |          |            |         |
|        |          |            |         |
|        |          |            |         |
|        |          |            |         |
|        |          |            |         |
|        |          |            |         |
|        |          |            |         |
|        |          |            |         |
|        |          |            |         |
|        |          |            |         |
|        | | Summe / Übertrag: |         |

# Variable Ausgaben

Monat: _____

| Datum: | Ausgabe: | Kategorie: | Betrag: |
|---|---|---|---|
| | | | |
| | | | |
| | | | |
| | | | |
| | | | |
| | | | |
| | | | |
| | | | |
| | | | |
| | | | |
| | | | |
| | | | |
| | | | |
| | | | |
| | | | |
| | | | |
| | | | |
| | | | |
| | | | |
| | | | |
| | | **Summe / Übertrag:** | |

# Variable Ausgaben

Monat: _____

| Datum: | Ausgabe: | Kategorie: | Betrag: |
|--------|----------|------------|---------|
|        |          |            |         |
|        |          |            |         |
|        |          |            |         |
|        |          |            |         |
|        |          |            |         |
|        |          |            |         |
|        |          |            |         |
|        |          |            |         |
|        |          |            |         |
|        |          |            |         |
|        |          |            |         |
|        |          |            |         |
|        |          |            |         |
|        |          |            |         |
|        |          |            |         |
|        |          |            |         |
|        |          |            |         |
|        |          |            |         |
|        |          |            |         |
|        |          | **Summe / Übertrag:** |         |

# Variable Ausgaben

Monat: _____

| Datum: | Ausgabe: | Kategorie: | Betrag: |
|---|---|---|---|
| | | | |
| | | | |
| | | | |
| | | | |
| | | | |
| | | | |
| | | | |
| | | | |
| | | | |
| | | | |
| | | | |
| | | | |
| | | | |
| | | | |
| | | | |
| | | | |
| | | | |
| | | | |
| | | | |
| | | | |
| | | **Summe / Übertrag:** | |

# Variable Ausgaben

Monat: _____

| Datum: | Ausgabe: | Kategorie: | Betrag: |
|---|---|---|---|
| | | | |
| | | | |
| | | | |
| | | | |
| | | | |
| | | | |
| | | | |
| | | | |
| | | | |
| | | | |
| | | | |
| | | | |
| | | | |
| | | | |
| | | | |
| | | | |
| | | | |
| | | | |
| | | | |
| | | **Summe / Übertrag:** | |

# Variable Ausgaben

Monat: _____

| Datum: | Ausgabe: | Kategorie: | Betrag: |
|---|---|---|---|
| | | | |
| | | | |
| | | | |
| | | | |
| | | | |
| | | | |
| | | | |
| | | | |
| | | | |
| | | | |
| | | | |
| | | | |
| | | | |
| | | | |
| | | | |
| | | | |
| | | | |
| | | | |
| | | | |
| | | | |
| | | **Summe / Übertrag:** | |

# Variable Ausgaben

Monat: _____

| Datum: | Ausgabe: | Kategorie: | Betrag: |
|--------|----------|------------|---------|
|        |          |            |         |
|        |          |            |         |
|        |          |            |         |
|        |          |            |         |
|        |          |            |         |
|        |          |            |         |
|        |          |            |         |
|        |          |            |         |
|        |          |            |         |
|        |          |            |         |
|        |          |            |         |
|        |          |            |         |
|        |          |            |         |
|        |          |            |         |
|        |          |            |         |
|        |          |            |         |
|        |          |            |         |
|        |          |            |         |
|        |          |            |         |
|        |          |            |         |
|        |          | **Summe / Übertrag:** |  |

# Variable Ausgaben

Monat: _____

| Datum: | Ausgabe: | Kategorie: | Betrag: |
|--------|----------|------------|---------|
|        |          |            |         |
|        |          |            |         |
|        |          |            |         |
|        |          |            |         |
|        |          |            |         |
|        |          |            |         |
|        |          |            |         |
|        |          |            |         |
|        |          |            |         |
|        |          |            |         |
|        |          |            |         |
|        |          |            |         |
|        |          |            |         |
|        |          |            |         |
|        |          |            |         |
|        |          |            |         |
|        |          |            |         |
|        |          |            |         |
|        |          |            |         |
|        |          |            |         |
|        |          | **Summe / Übertrag:** |         |

# Variable Ausgaben

Monat: _____

| Datum: | Ausgabe: | Kategorie: | Betrag: |
|---|---|---|---|
|  |  |  |  |
|  |  |  |  |
|  |  |  |  |
|  |  |  |  |
|  |  |  |  |
|  |  |  |  |
|  |  |  |  |
|  |  |  |  |
|  |  |  |  |
|  |  |  |  |
|  |  |  |  |
|  |  |  |  |
|  |  |  |  |
|  |  |  |  |
|  |  |  |  |
|  |  |  |  |
|  |  |  |  |
|  |  |  |  |
|  |  |  |  |
|  |  | **Summe / Übertrag:** |  |

Ihnen hat dieses Buch gefallen und
weitergeholfen?
Dann freue ich mich sehr über eine positive
Bewertung des Buches.

Sie haben einen Verbesserungsvorschlag oder eine
Anregung für ein spezielles Eintragbuch, dass sie
noch vermissen?
Ich freue mich über Ihre Nachricht:
kontakt.nomedia@gmail.com

www.ingramcontent.com/pod-product-compliance
Lightning Source LLC
Chambersburg PA
CBHW070428180526
45158CB00017B/919